Irmtraud Tarr

# Rituale für den guten Morgen

Irmtraud Tarr

# Rituale für den guten Morgen

KREUZ

MIX
Papier aus verantwortungsvollen Quellen
FSC® C106847
www.fsc.org


www.kreuz-verlag.de

Umschlaggestaltung: agentur IDee
Umschlagmotiv: © shutterstock
Innengestaltung und Satz: agentur IDee
www.agenturIDee.de
Herstellung: fgb · freiburger graphische betriebe
www.fgb.de

Printed in Germany

ISBN 978-3-451-61211-4

# *Inhalt*

# Morgen-rituale

Guten Morgen! Das ist der Wunsch, mit dem wir einander morgens begrüßen. Die Volksweisheit, die sich darin ausdrückt, deutet an, dass hier eine Kraft in Erscheinung treten soll – die Kraft des Guten. Wir brauchen sie, um den Anforderungen des Tages gerecht zu werden. Der Morgen ist eine Zeit des Übergangs. Etwas ist zu Ende gegangen und etwas Neues bricht an. Deshalb ist der Morgen mehr als nur ein Auftakt, er ist Pforte, Brücke und Stützpfeiler des gesamten Tages.

„Das ganze Leben ist ein Wiederanfangen", sagte Hugo von Hofmannsthal. Wie stehen Sie dazu? Zugegeben, das morgendliche Aufstehen verlangt einem etwas ab, denn es gilt, das täglich Wiederkehrende mit neuen Impulsen zu füllen, dass es nicht ermüdend, langweilig oder gehetzt empfunden wird. Viele stehen schon morgens unter Strom, weil sie sich gestresst fühlen von den Aufgaben, die auf sie zukommen, oder sie geraten in Hektik, weil sie sich schon beim Frühstückskaffee unter Druck fühlen und sich kaum Zeit nehmen, sich einzustimmen. Lässt sich etwas tun gegen dieses Morgengrauen?

Wie wir den Tag beginnen, entscheidet darüber, wie er wird. Unser Morgen wirkt sich auf den restlichen Tag aus: „Sage mir, wie du den Tag beginnst, und ich sage dir, wie er wird." Früher, und in manchen Häusern auch heute noch, haben die Menschen vor dem Frühstück gebetet. Nicht nur, um Dank zu sagen, sondern auch, um sich innerlich und äußerlich auf den Tag einzustimmen. Heute sind wir frei, unsere eigenen Rituale zu finden oder zu erfinden. Es braucht nur etwas

Phantasie und Mut, um sich der Frage zu stellen: Was brauche ich heute Morgen? Der Tag wäre sicher entspannter, wenn wir uns schon morgens ein wenig Zeit nähmen, um Atem zu holen und in Schwung zu kommen, um Körper und Seele auf den Tag einzustimmen. Es liegt an uns, innezuhalten, um uns auf den Tag vorzubereiten, und den Morgen lebensbejahend und freudig als Tankstelle für Heiterkeit und Gelassenheit zu erleben. Dabei helfen Morgenrituale, die uns tiefer mit uns selbst in Kontakt bringen und die einzelnen Handlungen immer bewusster gestalten lassen. Plötzlich wird der Morgen wieder frisch und einmalig. Denn wir merken: kein Morgen ist wie der andere.

Ich gebe Anregungen, die uns fragen lassen: Was soll das Besondere heute Morgen sein? Was würde die Freude auf den Morgen wecken? Wie wäre es, morgens spazieren zu gehen, ein paar Zeilen ins Tagebuch zu schreiben, den Tag singend zu begrüßen oder kurzerhand den Fernseher aus dem Frühstücksraum zu verbannen? Womit möchte ich an diesem Morgen einen neuen Anfang wagen?

Vom traumwandlerischen Hineinstolpern in den Tag zum bewussten morgendlichen Anfangen: das wäre die Herausforderung, die es anzunehmen gilt. Morgenrituale helfen uns, das Alltägliche zu überhöhen. Sie erlauben uns, ein wenig in Distanz zur Welt zu gehen, bevor wir uns ans Tagwerk machen. Die Welt kommt für eine Weile zur Ruhe und wir in ihr. Es ist erstaunlich, wie kreativ Menschen sind, wenn sie ihr Leben bewusst gestalten und Rituale für sich entdecken, die sie innerlich beglücken. Aber Rituale sind nicht nur Ausdruck von Kreativität, sie fördern sie auch, weil sie die in uns schlummernden Energien wecken.

Morgenrituale sind Ausdruck der Freiheit, weil wir darin ausdrücken, dass nicht Termine, Pflichten und Erwartungen uns bestimmen, sondern dass wir unseren Tag selbst gestalten. Schon am Morgen beginnen wir zu leben, statt von außen gelebt zu werden. Wir fühlen, dass es etwas gibt, über das andere nicht verfügen können, etwas, das uns allein gehört. Morgenrituale geben Sicherheit und wappnen uns für den Tag. Sie vermitteln uns: „Ein jegliches hat seine Zeit". In Morgenritualen drückt sich unser Lebensgefühl aus und auch ein Stück Kultur. Kleine, liebevolle Rituale schenken schon am Morgen Lebensfreude und Energie. Ich wünsche Ihnen, dass Sie unter den vielen Anregungen fündig werden, um sich für Ihren Tag mit Schwung und Wohlbefinden aufzuladen.

*Irmtraud Tarr*

# 1.

# Aufwachen

Die Morgenstunde hat nicht nur Gold im Mund, sie ist auch ein sensibler Zeitpunkt für unser seelisches Wohlbefinden. Deswegen freuen sich Körper und Seele, wenn wir den Übergang in den Tag liebevoll und behutsam gestalten. Selbst Morgenmuffel können so ihr Unbehagen vor dem Start überwinden. Für viele beginnt der Tag mit dem Weckerläuten. Damit es nicht als erste Störung am Tag erlebt wird, lohnt es sich, eine angenehme Morgenmusik auszusuchen und sich ein bisschen Zeit zu nehmen, um sich ausgiebig zu dehnen und zu strecken. So fällt das Aufstehen leichter. Man freut sich sogar, endlich aus dem Bett und in die Schuhe zu hüpfen.

# *Hinter jeder Nacht verbirgt sich ein lächelnder Morgen*

Die erste Stunde am Morgen nach dem Aufstehen ist die wichtigste Stunde, denn sie ist die sogenannte „Saatstunde" (C. W. Echter) für den Tag. Morgens beginnt die Feinprogrammierung des Gehirns. All unsere Fähigkeiten stehen uns zur Verfügung. Deswegen sollte man sie weder durch zu spätes Aufstehen verkürzen, noch durch stressige Beschäftigungen oder aufwühlende Gespräche beeinträchtigen. Stehen wir also lieber zeitiger als notwendig auf, auch wenn es etwas Überwindung erfordert. Wir werden reichlich entschädigt für die Verkürzung der Schlafzeit, denn je konzentrierter und achtsamer wir den frühen Morgen beginnen, desto besser fallen unsere Entscheidungen am Tag aus.

Das fällt nicht immer leicht, vor allem, wenn wir den Tag mit anderen Menschen beginnen. Es kann aber dennoch gelingen, wenn wir schon abends so viel wie möglich vorbereiten. Arbeitsutensilien, Schulsachen, Kleider, Frühstücksbedarf – alles, was schon vorbereitet ist, erleichtert den gelassenen Tagesbeginn. Die gründliche Vorbereitung am Abend verringert die Hetzerei und sorgt für einen angenehmen, entspannten Start in den Tag.

# *Den Tag bewusst beginnen*

„Der Morgen ist die Jugend des Tages“, meinte Arthur Schopenhauer. Man sollte ihn „als Quintessenz des Lebens und gewissermaßen heilig halten.“ Nehmen Sie Schopenhauers Weisheit als Anregung für diesen Tag und steigen Sie ganz bewusst und konzentriert aus dem Bett. An der Bettkante sitzend, bedanken Sie sich erst einmal für diesen neuen, frischen Morgen des Lebens. Ziehen Sie ganz bewusst die Vorhänge auf. Dann bitten Sie um Schutz, Klarheit und Gelassenheit für diesen Tag und fragen Sie sich: Was wünsche ich mir für heute? Was möchte ich angehen? Was möchte ich umsetzen oder lösen?

Dann stellen Sie sich vor, wie Sie die Saat für ein sorgfältiges, liebevolles Verhalten gegenüber anderen und sich selbst ausstreuen. Solche Gedanken fördern die Heil- und Regenerationskraft. Dazu gehört auch das Verzeihen. Es beginnt zunächst einmal einem selbst. Verzeihen Sie sich die Fehler oder Schwächen von gestern und beginnen Sie den Tag unbelastet und friedfertig.

## *Den Geist treiben lassen*

Strecken und recken Sie sich, während Sie langsam durch die Nase ein- und ausatmen. Am besten tun Sie es kurz nach dem Erwachen. Der Körper nimmt solche Weckreize dankbar auf. Eine besonders wohltuende Fortsetzung besteht darin, sich im Stehen aus der Hüfte heraus nach vorn zu strecken. Beugen Sie Ihren Oberkörper nach vorn, bis Ihre Hände den Boden berühren. Halten Sie Ihre Beine dabei gerade. Kommen Sie langsam wieder in die Senkrechte. Spüren Sie ganz bewusst, wie sich Ihre Glieder dehnen und strecken und das Blut in den Kopf dringt, um die Gehirnzellen mit Sauerstoff zu versorgen. Der gesamte Organismus wird auf Aktivität eingestimmt. Atmen Sie beim Strecken ein, beim Loslassen aus.

Anschließend legen Sie sich ein paar Minuten ganz ruhig auf den Rücken, vergessen Sie die Welt eine kurze Zeit und lassen Ihren Geist wandern, wohin er will. Dann starten Sie in den Tag.

# *Gekonnt aufwachen*

Es lohnt sich, nicht abrupt aufzustehen. Ihr Körper könnte nämlich beleidigt reagieren, wenn er zu brüsk aus dem Land der Träume vertrieben wird. Also nehmen Sie sich Zeit, um langsam in der Realität zu landen. Unterstützen Sie das Aufwachen durch bewusstes Ein- und Ausatmen. Räkeln, Dehnen, Strecken und Gähnen sind angenehme Stretchingübungen, die das Aufwachen unterstützen. Spritzen Sie sich kaltes Wasser ins Gesicht, das bringt die Blutzirkulation auf Trab und verschönert Ihren morgendlichen Teint.

Falls Sie in Kusslaune sein sollten, trinken Sie ein Glas Wasser. Oder besser noch: Knabbern Sie an einem Apfel, das setzt den Speichelfluss in Gang. Aber das ersetzt natürlich nicht das Zähneputzen. Ein geputzter Mund putzt auch den Geist!

# *Vorsätze*

Die einen springen blitzartig nach dem Weckerläuten aus dem Bett, damit sie nicht wieder einschlafen. Die anderen wälzen sich genüsslich hin und her, um sich noch eine Prise Dösen zu gönnen, oder sie hören aufmunternde Musik, um sich in Aufwachstimmung zu bringen. Wie wäre es mit einem neuen Ritual? Sie stehen eine halbe Stunde früher auf, als Sie müssten und notieren sich ein paar Dinge, die Sie heute in die Tat umsetzen wollen. Das müssen keine großen Vorsätze sein. Es genügen kleine Schritte: vor dem Frühstück ein paar Schritte an der frischen Luft spazieren gehen – oder wenigstens um den Häuserblock. Das Fenster öffnen und ganz langsam und achtsam die Vorhänge aufziehen. Jede Stunde eine Tasse Tee oder ein Glas Wasser trinken. Den Schreibtisch aufräumen. Einen Freund anrufen. Blumen pflücken oder welche auf dem Markt kaufen. Es sind die kleinen Dinge, die einen großen Unterschied für den Tag machen.

# *Miteinander reden*

Stimmen Sie sich auf den bevorstehenden Tag ein und besprechen Sie miteinander, was heute ansteht: worauf Sie sich freuen, was Sie ängstigt, worauf Sie neugierig sind, was Ihnen schwierig oder belastend erscheint. Es genügt, sich frei zu sprechen, sich etwas von der Seele zu sprechen und dabei jemanden zu haben, der einfach zuhört. Wenn Sie den Tag im Austausch miteinander beginnen und Herausforderungen mit Zuversicht angehen, stecken Sie Ihren Partner oder Ihre Familie mit dem Wichtigsten im Alltag an: mit Ermutigung für den Tag.

# *Sich überlisten*

Sind Sie ein Morgenmuffel? Das könnte sich ändern, wenn Sie morgens die Zeitung einmal ein wenig ausgiebiger aus dem Briefkasten holen. Ziehen Sie etwas über, und machen Sie aus dem Kurzbesuch am Briefkasten einen Fünf-Minuten-Spaziergang. Wenn Sie sich daran gewöhnt haben, dass die Zeitung automatisch das Signal für einen kurzen Spaziergang bedeutet, werden Sie darauf nicht mehr verzichten wollen. Denn der Effekt dieses kleinen Umweges ist enorm: Ihre Blutzirkulation und Ihr Stoffwechsel kommen in Schwung, das Frühstück schmeckt doppelt so gut. Ihre Seele ist freundlich, lebensbejahend und aktiv eingestimmt. Und Sie sind stolz auf sich selbst, weil Sie schon die erste Runde am Tag geschafft haben.

# Träume

Morgens ist nicht nur die Zeit, um den Körper zu reinigen, ein weiterer Schauplatz, an dem wir uns beim Aufwachen reinigen, sind unsere Träume. Man könnte sich vorstellen, alles, was nachts an Inhalten hochgeschwemmt wurde, alles, was durcheinander, was in der Seele unruhig oder gekränkt ist, in eine große Schüssel zu geben und vom Licht oder vom Wasser reinigen zu lassen. In unseren Träumen steigen die unbewussten Bilder auf und zeigen uns, wie es in unserer Seele aussieht. Wir können sie reinigen, wenn wir sie in etwas Größeres eintauchen und sie den guten Kräften überlassen. Eine andere Möglichkeit wäre das Aufschreiben der Träume in einem Traumtagebuch. Dort sind sie gut aufgehoben. Man kann sie immer wieder einmal hervorholen und lesen. Es ist erstaunlich, wie viel besser man sich plötzlich versteht, weil man realisiert, dass in Träumen nicht nur gelebtes, sondern auch ungelebtes Leben zum Ausdruck kommt. Es lohnt sich, sich auf diese kreative Art mit sich selbst zu beschäftigen und sein Unbewusstes zu erforschen.

# *Sonne im Herzen*

Warum nicht schon am Morgen hinausgehen zum Spaziergang? Wir alle sind stimmungsmäßig mehr oder weniger von der frischen Luft abhängig. Scheint dann auch noch die Sonne freundlich, so blühen wir innen und außen förmlich auf. Wenn man die Vögel beobachtet, die Lerche, die Meise oder den Specht und was da so alles vorbeihuscht, so wird es einem ganz leicht und weit ums Herz. Selbst wenn man allein ist, fühlt man sich nicht einsam, weil man plötzlich eine Ahnung bekommt, was es heißt, dazuzugehören und aufgehoben zu sein in den Armen der Natur. An der frischen Luft verfliegen der Trübsinn und die Schwermut im Handumdrehen! Dieses Ritual hilft auch, daheim anzukommen, wenn man nach dem Spaziergang heimkehrt und nun ganz „da" ist.

# *Radfahren im Bett*

Es regnet und Sie wollen heute nicht mit dem Fahrrad zur Arbeit fahren. Dann bleibt immer noch ersatzweise das Radfahren im Bett. Also: die Beine hochziehen und ungefähr drei Minuten Rad in der Luft fahren – das entlastet die Venen, aktiviert die Gefäße, bringt sauerstoffreiches Blut in den Kopf, macht gute Laune und schöne Beine! Man wird ganz leicht und springt wie neugeboren aus dem Bett. Nach solch einer kleinen „Radtour" kann der Tag nur ein flotter Tag werden!

# *Der Nase nach*

Wann haben Sie zum letzten Mal die wunderbaren Gerüche des Morgens bewusst gerochen? Gerüche entführen uns in die unterschiedlichsten Duftwelten, die tief in uns etwas berühren. Frühmorgens riechen die Bäume, Büsche und Pflanzen besonders intensiv. Sind Sie schon einmal um sechs Uhr morgens aus dem Haus und durch einen Wald oder eine Allee spazieren gegangen? Es ist ein einzigartiges Dufterlebnis.

Auf dem Rückweg machen Sie dann Halt vor einer Bäckerei und genießen den Geruch der frischen Brötchen. Ihre Nase und Ihr Magen werden in Entzücken geraten. Bringen Sie Ihren Nächsten oder Ihren Nachbarn ein paar frische Brötchen oder Brezeln mit – sie werden ebenfalls überrascht und begeistert sein. So fängt der Tag nicht nur gut an, er hinterlässt auch die unterschiedlichsten Duftspuren in Ihrem Körper- und Geruchsgedächtnis.

# *Wie eine Katze*

Katzen können uns ein Vorbild dafür sein, unserem Körper morgens mehr Aufmerksamkeit zu schenken. Katzen sorgen instinktiv dafür, dass sie durch Recken und Strecken ihren Körper immer geschmeidig und aktionsbereit halten. Mit Hingabe pflegen sie ihr Fell und jede Stelle im Körper. Sie geben uns ein Beispiel, wie man die Beweglichkeit und die Anmut des Körpers sorgsam pflegt.

Setzen Sie sich bequem auf einen Stuhl oder auf den Boden und schließen Sie die Augen. Gehen Sie mit der Aufmerksamkeit nach innen und achten Sie auf Ihren Atem. Nun lassen Sie Ihre Wahrnehmung zu dem Körperteil wandern, der Ihre Aufmerksamkeit einfordert. Legen Sie Ihre Hand auf diesen Teil des Körpers, der sich zuerst meldet und schicken Sie Ihren Atem dorthin. Welche Gefühle sind mit diesem Körperteil verbunden? Was assoziieren Sie damit? Was benötigt dieser Teil des Körpers? Was sagt er? Wie kann ich ihm geben, was er braucht?

Geben Sie sich Zeit, um Antworten auf diese Fragen zu finden. Wenn Sie bereit sind, räkeln Sie sich, öffnen Sie die Augen und kommen Sie wieder zurück in den Tag, wach und erfrischt.

## *Kuscheln*

Für kleine Tiere oder Kinder ist das Kuscheln das Natürlichste der Welt. Je älter wir werden, desto mehr meinen wir, dass wir effizient und autark sein müssten und so etwas nicht mehr brauchen. Dabei ist es gerade umgekehrt. Wir brauchen es, gerade bevor wir aus dem Haus gehen, um uns ein wenig zu stärken und Nahrung für unseren Körper und die Seele mit auf den Weg zu nehmen. Es tut einfach gut, die Wärme eines Körpers zu fühlen, seinen Geruch einzuatmen und den Herzschlag des anderen zu spüren. Vor allem ist es etwas sehr Sinnliches. Der Tastsinn, der Geruchsinn, der Augensinn – sämtliche Nahsinne werden stimuliert. Das fördert auch unser geistiges Auffassungsvermögen und die Konzentrationsfähigkeit. Da sagt das Immunsystem gleich drei Mal „Dankeschön“. Was gibt es Lustvolleres, als sich fallen zu lassen, sich an den anderen zu schmiegen, sich festzuhalten und von den Armen des anderen umfangen zu lassen? Wann haben Sie das letzte Mal wohlig geschnurrt, bevor Sie sich von Ihrem liebsten Menschen für den Tag verabschiedet haben? Tun Sie es wieder. Es ist kein Luxus, sondern ein Grundnahrungsmittel für Körper, Geist und Seele.

# *Generalreinigung*

Es gibt eine morgendliche Reinigung aller Organe, die auf einfachste Weise geschieht: Pressen Sie sich aus, wie man einen nassen Schwamm trocken presst. Morgens vor dem Aufstehen ziehen Sie zwanzig Mal die Bauchmuskeln mit aller Kraft ein – eventuell mit den Fäusten nachpressen – und entspannen Sie sich wieder vollständig.

Dann machen Sie vor geöffnetem Fenster einige Freiübungen wie Hüpfen, Rumpfbeugen oder auf der Stelle laufen, um das Blut in Wallung zu bringen. Anschließend gehen Sie in die tiefe Hocke, pressen die Knie gegen die Brust und stoßen mit aller Kraft die Luft bis zum letzten Rest aus den Lungen. Wiederholen Sie diese Übung etwa drei Mal. Danach entspannen Sie und genießen, wie Ihre ausgepressten Organe wieder zu arbeiten beginnen. Auch wenn Sie anfänglich vielleicht Sterne vor den Augen sehen, stellt sich doch nach kürzester Zeit eine überraschende Stärkung und Erfrischung ein, die Sie nicht mehr missen wollen.

# 2.

# Im Bad

Nun ist das morgendliche Reinigungsritual an der Reihe. Je nach persönlichen Bedürfnissen kann es mehr oder weniger ausgiebig ausfallen. Manche verbringen gern viel Zeit im Bad, unter der Dusche, beim Schminken und Stylen. Andere mögen Musik bei der „Fellpflege", wieder andere mögen es möglichst kurz. Ein entspannendes Duschritual mit anschließender Körperölmassage, ohne Druck und ohne schlechtes Gewissen, kann wahre Wunder wirken. So könnte jeder Morgen sich wie ein kleiner Luxus anfühlen. Das Bad schenkt uns diesen ersten Luxus am Tag.

# *Duschgymnastik*

Was gibt es Schöneres, als warmes Wasser aus der Dusche über den Rücken prasseln zu lassen? Die Muskeln entspannen sich, der Körper wird angenehm warm. Dann bewegen Sie unter dem Duschstrahl langsam den ganzen Körper: Arme über den Kopf strecken, Schultern hochziehen und wieder fallen lassen, Brustmuskeln dehnen, den Kopf langsam von einer Seite zur anderen drehen. Zum Schluss mit dem Brauseschlauch die Beine kalt abduschen – nach Pfarrer Sebastian Kneipp sollte man es vom äußeren Knöchel aufwärts bis zur Leiste und auf der Innenseite der Schenkel herunter dreimal pro Bein machen. Danach den ganzen Körper mit einem Frotteehandtuch fest abreiben. Man kann nur staunen, wie erfrischend dieses Duschritual ist.

# *Die Kleine heilt*

Im Juni finden wir an sonnigen Abhängen und Wegrändern die leuchtend roten Walderdbeeren. Zur Abwechslung empfehle ich zum Frühstück ein Walderdbeertee-Ritual (1 EL kleingeschnittene Blätter auf ¼ l Wasser), weil die Blätter der Walderdbeere ein gutes Aroma besitzen, viel Gerbstoff enthalten und eine ausgezeichnete Heilpflanze sind. Schon in der Bibel heißt es, dass nicht das Große, sondern das Kleine Heil bringt. Nicht nur bei Schwierigkeiten mit der Fettverdauung und der Leber wirkt die Walderdbeere heilend, auch als reinigende Gesichtspflege ist sie sehr geschätzt. Wenn Sie zum Frühstück mit reiner, glatter Haut erscheinen wollen, reiben Sie am Abend zerdrückte Erdbeeren mit etwas Olivenöl und geriebenen Karotten in die Haut ein, lassen Sie die Creme eintrocknen und waschen Sie sie erst am Morgen wieder aus. Sie werden einen reinen, leicht getönten Teint vorweisen, der Ihrem Gegenüber sicher gute Laune bereitet.

# *In den Tag treten*

Eines der bekanntesten Kneippschen Rezepte, um sich morgens in Schwung zu bringen, ist das Wassertreten: Füllen Sie eine Badewanne halbvoll mit sehr kaltem Wasser, dann gehen Sie darin im „Storchenschritt“ – heben Sie jeweils einen Fuß heraus und lassen Sie das Wasser abtropfen. Schreiten Sie so lange bis sich ein Kältegefühl einstellt. Falls Sie im Grünen wohnen, bietet sich das morgendliche Tautreten an. Und falls Sie kein Wasser mögen, bleibt immer noch der Sisalteppich, auf dem Sie einige Minuten mit bloßen Füßen auf der Stelle laufen. Treten, treten, treten: das macht geistig frisch, kräftigt die Gefäße, stärkt die Abwehrkräfte – und ist eine Garantie für einen gelungenen Start in den Tag.

# *Gruß aus dem Paradies*

Das frische, gesunde Kraftgefühl dieses Atemrituals kann gar nicht hoch genug eingeschätzt werden. Wer einmal mit diesem Tiefatmen an der frischen Luft begonnen hat, wird es nicht mehr missen wollen. Öffnen Sie die Fenster Ihres Schlafzimmers und atmen Sie bewusst mit der verbrauchten Luft alles Müde, Belastende nach draußen aus. Mit der frischen Luft atmen Sie reinen Sauerstoff und damit neue Spannkraft und Energie wieder ein.

Bald werden Sie spüren, dass dieses tiefe Atmen an der frischen Luft doppelt wirkt: Es stärkt die Nerven und belebt gleichzeitig den ganzen Körper. Das frische, gesunde Lebensgefühl und die erhöhte Spannkraft entschädigen Sie reichlich für diesen kleinen Frischeschock am Morgen.

# *Öl ziehen*

Diese Methode lernte ich in einem Seminar kennen. Obwohl ich das Ölziehen anfänglich gewöhnungsbedürftig fand, konnte ich eine Reihe von positiven Veränderungen feststellen. Die Zähne werden strahlend weiß, der Geschmack im Mund wird angenehm frisch, und man fühlt sich einfach sauberer und gesünder.

Für das Ölziehen wird kalt gepresstes Sonnenblumenöl benutzt. Man nimmt einen Kaffeelöffel Öl in den Mund und zieht es ungefähr fünf Minuten durch die Zähne und spült den gesamten Mundraum damit aus. Danach sollte man das Öl in ein Taschentuch ausspucken und entsorgen, da es hoch toxisch ist. Da das Öl eine bindende Wirkung hat, werden Gift- und Schlackstoffe, die das Lymphsystem über Nacht in den Mundraum abtransportiert, durch das Öl aufgenommen und gebunden.

Nach dem Ölprozedur spült man den Mund mit Wasser aus und putzt wie gewohnt die Zähne. Man fühlt sich nicht nur im Mundraum, sondern auch im ganzen Körper gründlich gereinigt und befreit von den Abfallprodukten der Nacht. Ein sauberer Start in den Tag!

## *Mit Blumenöl in den Tag*

Wenn die Nerven schon morgens blank liegen, hilft nur ein Baderitual mit einem beruhigenden, ausgleichenden und entspannenden Ölbad. Geben Sie sieben Tropfen Lavendel-Öl, sieben Tropfen Majoran-Öl und drei Tropfen Ylang-Ylang-Öl ins warme Badewasser und verteilen Sie es gleichmäßig im Wasser. Dieses Bad hat eine ausgleichende Wirkung, löst Verspannungen, hilft bei nervöser Erschöpfung und löst innere Verkrampfungen. Wenn Sie noch zusätzlich ganz entspannt für sich sagen: „Ich freue mich auf den Tag und auf das, was er bringen mag. Ich vertraue meiner Fähigkeit, auch mit Widrigkeiten umzugehen. Ich bin offen für das, was mir das Leben heute zuspielt", dann sorgen Sie für geistige Entspannung und Offenheit und begegnen dem Tag mit einer positiven Grundhaltung.

# *Strahlendes Gesicht*

Gönnen Sie sich heute einen kleinen Luxus für Ihr Gesicht. Unser Gesicht ist unsere Visitenkarte. Wie kein anderer Körperteil ist es den Blicken der anderen, den Witterungen und Umwelteinflüssen ausgesetzt. Deshalb braucht es besonders viel Zuwendung. Ich schlage Ihnen eine Haferflocken-Gesichtsmaske vor. Ob Sie nun fettige, trockene oder Mischhaut haben, diese Gesichtsmaske ist für jeden Hauttyp geeignet. Sie braucht wenig Zeitaufwand und ist ganz einfach herzustellen. Man benötigt lediglich ½ Tasse Wasser und ¼ Tasse Haferflocken.

Bringen Sie das Wasser zum Kochen, fügen Sie die Haferflocken hinzu. Kochen Sie die Mischung bei mittlerer Hitze fünf Minuten (gelegentlich rühren). Lassen Sie die Mischung abkühlen, bis sie angenehm warm ist und streichen Sie sie gleichmäßig auf Ihr Gesicht. Nach ungefähr zehn Minuten spülen Sie Ihr Gesicht mit warmem und anschließend mit kaltem Wasser gründlich ab. Sie werden überrascht sein, wie zart und rein Ihr Gesicht strahlt. Schenken Sie sich und dem neuen Tag ein Lächeln!

# *Pfirsichtraum*

Als Kind wurden Sie am Morgen gebadet, gepudert und eingecremt. So haben Sie schon früh Streicheleinheiten erfahren, die von klein auf in Ihrem Körpergedächtnis gespeichert sind. Auch wenn es Ihnen nicht bewusst ist, so erinnert sich Ihr Körper gern daran und sehnt sich danach zurück. Dieser Sehnsucht können Sie entgegenkommen mit einer wunderbaren Gesichtsfeuchtigkeitscreme, die den Sommer auf Ihre Haut zaubert. Mischen Sie mit dem Pürierstab oder der Küchenmaschine einen reifen Pfirsich und genügend Sahne, um eine cremige Konsistenz zu erzielen. Massieren Sie diese wohlriechende Creme je nach Bedarf in Ihre Haut ein. Nicht nur Sie selbst, auch Ihre Nächsten werden Sie danach gern anschauen und gut riechen können.

# *Bodylotion*

Geben Sie Ihrem Körper das, wovon er sonst nur träumt. Er wird es Ihnen mit neuer Spannkraft und Wohlbehagen danken. Nehmen Sie eine Wechseldusche zum Ankurbeln des Kreislaufes, bürsten Sie dann Ihre Haut am ganzen Körper und gönnen Sie sich abschließend eine gut riechende, selbst zubereitete Bodylotion. Mischen Sie ein Glas neutrale, geruchlose Bodylotion mit 30 Tropfen Zitronenöl und 30 Tropfen Lavendelöl. Verrühren Sie das Ganze kräftig und füllen Sie es in ein verschließbares Glas ab. Gönnen Sie sich eine gute Portion davon und massieren Sie die Lotion mit langsamen Bewegungen in Ihre Haut ein. Seele und Haut werden es dankbar aufsaugen. Sie werden sich entspannt, ausgeglichen und gut gelaunt fühlen.

# *Gute-Laune-Spray*

Wenn der Morgen trüb und schwer ist, hellen Sie Ihren Frühstücksraum durch ein Rosen-Spray auf, das Ihre Stimmung sofort anhebt. Es bringt nicht nur ein wenig Sommer in Ihre Wohnung, sondern es hat auch antidepressive Wirkung und riecht einfach himmlisch. Es ist ganz einfach herzustellen: Man nehme vier Tropfen Rosenöl, zwei Tropfen Lavendelöl und ein Glas Wasser. Mischen Sie diese Ingredienzien in einer Sprühflasche, schütteln Sie die Mischung kräftig durch und besprühen Sie damit den Frühstücksraum. Sie werden feststellen, dass das Zimmer plötzlich ein angenehmes Wohlfühlklima besitzt. Nehmen Sie den Geruch mit in Ihren Tag und freuen Sie sich auf den Abend, wenn noch ein wenig Rosenduft vom Morgen in Ihrer Wohnung hängt.

# *Sich anvertrauen*

In vielen Mythen steht am Anfang der Atem als Geschenk Gottes. Von nichts sind wir abhängiger als von der Atmung. Wir holen unsere Energie über die Atmung und gleichzeitig erfahren wir etwas über uns: wie etwas uns gefühlsmäßig berührt, welche Gedanken und Vorstellungen es auslöst. Der Atem ist ein Wegweiser zu uns selbst. Deswegen können wir gerade am Morgen den Rhythmus unseres Tages beeinflussen, indem wir uns ganz bewusst dem Atemvorgang mit einem kleinen Ritual in drei Phasen anvertrauen: Einatmen, Ausatmen und Atempause. Viele wissen nicht, dass es eine Atempause gibt. Vertraut man sich nun einmal bewusst dieser Atempause an, bis der Atem von selbst wieder einströmt, erzeugt das schon nach wenigen Atemzügen ein wohlig entspanntes, warmes Glücksgefühl. Atem ist Leben!

# 3.

# Rund ums Frühstück

Schön wäre es, wenn das gemütliche, ausgewogene Frühstück nicht nur dem Sonntag vorbehalten bliebe. Das Frühstück ist einfach durch nichts zu ersetzen. Sich Zeit zu nehmen für die erste Mahlzeit am Tag ist ein Geschenk, das Sie sich trotz Pflichten, Terminen und Aufgaben, die auf Sie warten, ruhig gönnen sollten. Ob Sie bei einer Tasse Kaffee die Gedanken schweifen lassen, einfach nur schweigend Ihr Müsli kauen oder für ein großzügiges Frühstück im Kreise Ihrer Lieben sorgen, bleibt Ihnen überlassen. Genießen Sie dabei das gute Gefühl, etwas Ihrer Leistungsfähigkeit und seelischen Ausgeglichenheit zuliebe zu tun.

# *Familienfrühstück*

Am schönsten ist es, wenn sich die Familie am Frühstückstisch trifft. Das ist die erste Zusammenkunft am Tag, die mit einem besonderen Ritual gefeiert werden sollte. Jeder darf sein Frühstücksgetränk aus seiner Lieblingstasse trinken. Und man könnte die Nacht nochmals Revue passieren lassen. Jeder erzählt, was er geträumt hat. Die anderen phantasieren, was ihnen zu den jeweiligen Träumen einfällt und geben ihnen vielleicht sogar eine Überschrift. Das macht die Träume prägnanter, gibt ihnen Konturen und lässt sie besser verständlich werden. Sich über Träume auszutauschen ist ein guter Start in den Tag, auch wenn man anschließend getrennte Wege geht. Man kommt sich näher und versteht sich und die anderen besser.

# *Ein Geschenk zum Start*

Was halten Sie von einer kleinen Überraschung unter dem Frühstücksteller: ein Liebeszettel, eine Kritzelei, ein kleines Schmusetuch, ein Wiesenblumenstrauß, ein Stein oder ein Glückspfennig für den heutigen Tag? Unerwartete kleine Geschenke beglücken uns mit Endorphinen, diesen Lustbotenstoffen, die Mutter Natur uns schenkt, wenn wir zueinander nett sind. Solche Bonbons helfen uns, all das Schwere, den Schmerz und die Widrigkeiten, die sich uns entgegenstemmen, zu vergessen. Vielleicht gibt es jemanden in Ihrer Familie, der heute liebevolle Ermunterung braucht. Sie können auch ein Stück von sich hergeben, damit der andere etwas hat, das ihn während des Tages an Sie erinnert. Ein „Bonbon", mit dem er sich immer wieder das Leben versüßen und sich mit guter Energie „aufladen" kann.

## *Bachkantaten läutern uns*

Mein schönstes Sonntagmorgen-Ritual ist ganz schlicht: sich bequem hinsetzen, eine Kerze anzünden und eine Bachkantate hören. Eine Bachkantate am Morgen macht den Sonntag zu einem besonderen, festlichen Tag. Es fühlt sich an, als würde man das Beste wiederfinden. Der Sonntag wird so zu einem Tag, der über sich selbst hinaus auf Größeres weist. Man fühlt sich zugehörig, aufgehoben in dieser Musik und ist danach wie gereinigt und wieder im Einklang mit sich selbst. Vielleicht hat es damit zu tun, dass wir durch diese Musik eine Resonanz finden für etwas, das sonst unberührt geblieben wäre. Wenn wir uns berühren lassen, sind wir danach gewandelt, klarer, aufgehellter. Man geht anders in den Tag. Ist das nicht ein großartiges Erbe und Geschenk, das Bach uns hinterlassen hat?

# *Sonnenblumen erwarten Sonne am Morgen*

Was mich an Sonnenblumen neben ihrer Schönheit besonders beeindruckt, ist ihre entschiedene Hinwendung zur Sonne. Sie drehen sich mit der Sonne und bleiben ihr zugewandt, bis sie untergeht. Diese Haltung könnte symbolisch für uns sein. Wir wenden uns morgens der Sonne zu und tanken Kraft für den Tag – wie eine Sonnenblume.

Jeder Blütenkopf der Sonnenblume beherbergt etwa 2000 Kerne. Geröstet bringen sie ein besonders nussiges Aroma ins Frühstücksmüsli. Und als Brotaufstrich sind Sonnenblumenkerne wegen ihres hohen Gehaltes an Vitamin A, E, B1 und B6 sehr wertvoll. Weichen Sie abends eine Handvoll Sonnenblumenkerne ein, spülen Sie sie am nächsten Morgen ab und geben Sie einen Schuss Olivenöl, Salz, Pfeffer und gehackte Kräuter dazu. Ein wahrhaft köstlicher Vitaminschub für den Tag, der die Sonnenblumenkräfte in uns weckt!

# *Vitamine für die Seele*

Zu den schönsten Texten, die wir besitzen, gehören die biblischen Psalmen. Überall können sie zur Hand sein und uns auf unseren Wegen begleiten. Sie führen über die selbstbezogene Frage hinaus: Wie geht es mir heute? Wie fühle ich mich? Durch sie reihen wir uns in die Reihe der Beter seit über 4000 Jahren ein. Psalmen fassen unsere Situation zusammen, trösten, loben und vermitteln uns mit einfachen Sätzen: Du bist nicht allein! Die Auswahl der Psalmen trifft jeder für sich. Immer wieder wird man feststellen, dass die ausgesuchten Psalmen nicht nur wie Stimmungsbarometer sind, sondern unsere Situation in einen größeren Zusammenhang stellen. Psalmen sind Texte, die Menschen schon sprachen und sangen, bevor all das vorhanden war, was wir als abendländische Kultur erleben. Wenn wir sie morgens lesen, entdecken wir vielleicht, dass wir ein winziges Glied in einer langen Kette der Menschheitsgeschichte sind, deren Grundsorgen, Nöte und Freuden die gleichen geblieben sind, trotz aller Veränderungen um uns herum. Es gibt

Tage der Depression, an denen wir uns morgens schon elend fühlen. Besonders der Psalm 23 trifft die passenden Worte, die uns trösten: „Der Herr ist mein Hirte, mir wird nichts mangeln … und ob ich schon wanderte im finstern Tal, fürchte ich kein Unglück!"

Suchen Sie sich den Psalm aus, der Ihrem Lebensgefühl entspricht. Und erinnern Sie sich beim Lesen, dass Sie in die Reihe der unzähligen Psalmenleser gehören. Sie sind nicht allein!

# *In den Morgen tanzen*

Warum tanzen Sie nicht einmal zur Abwechslung in den Morgen? Wählen Sie eine Musik, die Ihnen entspricht, bei der Sie sich locker und entspannt bewegen. Lassen Sie Ihren Körper in phantasievollen Schwüngen, Kreisen oder Spiralen frei schwingen und genießen Sie jede der aufkommenden Bewegungen. Wonach ist Ihnen heute zumute? Nach weichen, fließenden Bewegungen, oder eher nach linearen, kantigen, eckigen? Probieren Sie es aus. Was für ein Muster entsteht, wenn sich beide Bewegungsarten vereinen und einen neuen Bewegungsfluss erzeugen? Ihrer Bewegungslust sind keine Grenzen gesetzt.

Danach legen Sie sich kurz hin und lassen den Tanz in sich wirken. Was schwingt in Ihnen nach? Welche dieser Gefühle möchten Sie sich für den Tag erhalten oder wieder erleben?

# *Abtauchen*

Man muss nicht verreisen, um sich in eine bessere Welt zu versetzen. Eine beruhigende, wärmende Musik, die Sie in eine angenehme Wunschlandschaft entführt, hat eine ähnliche Wirkung. Entspannen Sie sich, während Sie der Musik Ihrer Wahl lauschen. Lassen Sie in der Phantasie das Bild einer wunderschönen Landschaft auftauchen, zum Beispiel eine Meereslandschaft oder eine Blumenwiese. Wenn Ihnen der Schauplatz gegenwärtig ist, lassen Sie Ihrer Phantasie freien Lauf, diese Szene nicht nur zu sehen, sondern auch zu hören, zu schmecken, zu riechen und zu berühren. Sie können sogar selbst aktiv am Geschehen teilhaben, indem Sie zur Blume, zur Woge, zum Baum, zum Wasser werden. Wechseln Sie die Perspektive und werden Sie wieder Sie selbst. Spüren Sie, wie Sie sich bewegen und fühlen.

Dieses Musik-Bild-Ritual inspiriert Ihr krea-tives Selbst und erneuert die kreative Energie, die sich auch während des Tages auf andere Lebensbereiche auswirkt.

## *Kräutertee-Ritual*

Am Morgen ist unser Kreislauf träge und das Blut dick, weil wir während der Nacht im Durchschnitt etwa einen Liter Flüssigkeit verlieren. Deswegen ist es wichtig, dem Körper gleich morgens ein passendes Getränk zuzuführen. Es muss nicht immer Kaffee oder schwarzer Tee sein. Wesentlich bekömmlicher ist ein Kräutertee, der auf Ihr Befinden abgestimmt ist. Wenn Sie ein Morgenmuffel sind, trinken Sie eine Tasse Weißdorn- oder Rosmarintee. Das aktiviert die müden Geister und wirkt anregend. Neigen Sie am Morgen zu Nervosität und Unruhe, so wäre ein Melissen- oder Passionsblumentee geeignet. Bei Unlust und Verstimmungen passt eine Mischung aus Johannis- und Eisenkraut. Würdigen Sie Ihren Tee mit einer kleinen Zeremonie: Trinken Sie ihn ganz langsam, schluckweise, hören Sie wohltuende Musik Ihrer Wahl dazu und schenken Sie dem neuen Tag ein wohlwollendes Lächeln.

# *Eigensinn ist gesund*

Haferflocken am Morgen sollen die Arterien durchbürsten. Also kauten die Leute säckeweise Pferdefutter, bis herauskam, dass Haferflocken nur während des Kauens gesund waren, da man währenddessen nichts anderes essen konnte. Zucker macht kriminell, hieß es. Und Kaffee verursache Magengeschwüre und Bluthochdruck. So begrüßte man den Tag mit hellen, dünnen Tees, bis eine Studie nachwies, dass Kaffee das Liebesleben signifikant verbessere, vor allem bei Älteren. Und dann gibt es diese vielen trübsinnigen Kochbücher wie „365 Vollkornrezepte“. Jeden Morgen Körner? Ist das nicht deprimierend?

Haben Sie den Mut, sich Ihres Verstandes zu bedienen und stellen Sie Ihren eigenen Speiseplan auf. Frühstücken Sie mit Herzenslust, was Ihnen Ihr Körper empfiehlt.

Wie wäre es zur Stimmungsaufhellung und Beruhigung mit einem Tee aus Rosenblütenblättern? Er sieht nicht nur königlich aus, er schmeckt auch einzigartig – und er macht rosig und sinnlich.

# *Frühstück für Verliebte*

Verliebte leben bekanntlich von Luft und Liebe. Ihr Appetit gilt eher anderen Genüssen als der Nahrungsaufnahme. Dennoch kann ein Frühstück zu zweit eine herrliche Möglichkeit sein, sich gemeinsam zu freuen und den Tag in Muße zu beginnen. Die Erinnerung an ein gemütliches Frühstück kann auch über kürzere oder längere Durststrecken, die unweigerlich zur Verliebtheit gehören, hinwegtrösten. Auch wenn der leibliche Hunger nicht groß ist, sollten Verliebte besonders auf den Eiweißgehalt ihres Frühstücks achten, denn die Anziehungskraft und die Sinnlichkeit werden davon stark beeinflusst. Eiweißkalorien steigern den Unternehmungsgeist. Das kosmetische Vitamin A gibt den Augen Feuer und Sehschärfe und der Haut samtige Zartheit. Wenn Verliebte morgens schon Spinat und Eier essen, dann wissen sie, was sie tun. Hier ist das Rezept:

## *Pochierte Eier auf Spinat*

1 EL Butter
1 EL Mehl
⅛ l Milch
Salz, Pfeffer, Muskat
1 Paket tief gefrorener Spinat
2 EL Essig
4 Eier
50 g geriebener Käse

1. Butter schmelzen und Mehl hineinrühren. Milch hinzufügen und unter stetigem Rühren erhitzen bis die Masse dicklich wird. Gewürze hinzufügen und den aufgetauten Spinat unterrühren.
2. In einen 5 cm hoch mit Wasser gefüllten Topf den Essig hinzufügen. Das Essigwasser zum Kochen bringen. Jedes Ei einzeln aufschlagen, in eine Tasse geben und behutsam in das Wasser gleiten lassen. 3-5 Minuten köcheln lassen (bis das Eiweiß fest ist).
3. Auf zwei Tellern jeweils zwei Nester aus der Spinatmasse formen, in die jeweils ein pochiertes Ei gesetzt wird. Mit Käse bestreuen und heiß servieren.

# *Frühstück im Freien*

Darf es ein Frühstück im Freien sein? Auf dem Balkon oder auf der Terrasse? Vielleicht sogar auf einer blühenden Sommerwiese oder mitten im Wald an einem schattigen Plätzchen? Im Freien schmeckt alles doppelt so lecker, selbst Morgenmuffel können dabei einen guten Appetit entwickeln. Ein Frühstück im Freien lüftet die Seele, inspiriert den Geist und bringt den Körper in Schwung. Man muss nicht bis zu den Ferien warten, auch ein normaler Sonntag lässt sich zu einem besonderen Feiertag gestalten, wenn man sich zu einem Frühstück im Freien entscheidet. Man wird selbst zu einem Stück Natur und wirft den Alltagsballast für einen Moment ab. Paare und vor allem Kinder lieben es, im Freien zu frühstücken. Da kann man so schön herumtollen, und keiner achtet auf die Tischmanieren.

Eines der beliebtesten Rezepte für draußen ist das Stockbrot, das man am besten mit einer Kräuter-Käsecreme, gesalzener Butter oder Marmelade anrichtet.

## *Stockbrot*

- 1 kg Mehl
- 1 Würfel Hefe
- 300 ccm lauwarmes Wasser
- 1 Glas Buttermilch
- 100 g Butter
- 1 EL Salz
- 50 cm lange Weiden- oder Haselnussstöcke

1. Mehl in eine Schüssel geben, Hefe hineinbröckeln, Buttermilch, Wasser, Butter und Salz hinzufügen. Zu einem glatten Teig kneten und 45 Minuten bei Zimmertemperatur gehen lassen. In etwa 10 gleich große Stücke aufteilen und ca. 25 cm lange Rollen daraus formen.
2. Spiralenartig um die Stöcke wickeln und etwa 20 Minuten unter ständigem Drehen über der Glut eines Lagerfeuers oder über dem Grill hellbraun backen.
3. Das Brot vom Stock ziehen und mit Kräuter-Käse-Creme, gesalzener Butter oder Marmelade füllen.

## *Kräuter-Käse-Creme*

- 1 Paket Frischkäse
- 1 Becher Joghurt
- 1 kleine Zwiebel
- 1 Bund Schnittlauch
- 1 Bund Petersilie
- 2 Knoblauchzehen
- Salz, Pfeffer, Zitronensaft

Alle Zutaten gut vermischen und am Schluss mit Salz, Pfeffer und Zitronensaft würzen.

# *Samstagsfrühstück*

Der interessanteste Tag der Woche ist der Samstag. Das ist nämlich der einzige Tag, an dem es ein Stück eigenes, nicht verordnetes Leben gibt. Die einen erledigen ihre Einkäufe, manche arbeiten, andere spannen aus, besuchen den Markt oder treffen Freunde. Für viele ist es das ausgiebige Frühstück, das diesen Tag zu einem besonderen macht. Was gibt es denn Schöneres als ein gemütliches Frühstück am Samstagmorgen? Dieser Tag gehört Ihnen. Sie haben mehr Zeit als sonst im Alltag und eine Fülle von Möglichkeiten, mit denen Sie sich und andere überraschen können. Zeit für die Schönheit, für eine Gesichtsmaske, eine Haarpackung, für Fitness, Freunde, Nachbarn oder einfach Spaß. Genießen Sie den Luxus der „kleinen Muße" nach einer anstrengenden Woche und verwöhnen Sie sich, nicht nur mit einem köstlichen Frühstück, sondern auch mit Musikhören oder ausführlichem Zeitunglesen. Liebevolle Sorgfalt sollte die Devise für Ihr Samstagsritual sein.

Warum sollte man eigentlich zum Bäcker gehen, wenn man Brötchen im Handumdrehen selbst backen kann? Ich empfehle meine Samstags-Galopp-Brötchen, die schnell zubereitet sind und lecker und zart schmecken. Hier verrate ich Ihnen das Rezept:

## *Samstags-Galopp-Brötchen*

- 300 g Mehl
- 1 TL Salz
- ⅛ l Milch
- 50 g Butter
- ½ Päckchen Backpulver
- 1 TL Zucker

Aus den Zutaten einen Teig rühren. Eine 3 cm dicke Rolle daraus formen und ca. 5 cm lange Stücke abschneiden und auf ein mit Backpapier belegtes Backblech setzen. Bei 220° etwa 15 Minuten backen.

# *Jedes Frühstück ein kleines Fest*

Wer liebt es nicht, das gemütliche, späte Sonntagsfrühstück? Da darf es ruhig bunt zugehen – nicht nur die Auswahl der Speisen, auch der Tischschmuck und das Geschirr dürfen Farbe bekennen. So lässt sich beispielsweise ein ländliches Frühstück arrangieren, mit Keramikbechern, Besteck mit Holzgriffen, verschiedenen Körben und einem rustikalen Baumwolltischtuch. Oder ein Frühstück mit schimmernden Kerzen, farbigen Bändern und kunstvoll gefalteten Servietten. Wichtig ist der Blumenschmuck, den Sie im Sommer am besten frisch von der Wiese oder aus dem Wald holen. Als Gastgeber sollte man rechtzeitig aufstehen, aber es gibt einen Trost – viele Sonntagsrezepte lassen sich mühelos vorbereiten.
Wie wäre es ausnahmsweise mit einem saftigen Sonntagskuchen?

## *Möhren-Kokos-Kuchen*

1 Pfund geputzte und geraspelte Möhren
6 Eier
200 g Zucker
200 g Kokosraspel
100 g gemahlene Haselnüsse (oder Walnüsse)
75 g Vollkornmehl
75 g Paniermehl
1 EL Backpulver
Etwas Salz, Nelkenpulver und Zimt

1. Eier trennen. Eigelbe und Zucker schaumig rühren.

2. Kokosraspel, Haselnüsse, Möhren, Mehl, Paniermehl, Backpulver, Salz, Nelkenpulver, Zimt sorgfältig unterrühren.

3. Eiweiß steif schlagen und locker unter den Teig heben.

4. Teig auf einem mit Backpapier ausgelegten Backblech glatt verstreichen und bei 200°C ca. 30 Minuten backen. Kuchen abkühlen lassen und mit Puderzucker bestäuben.

Wer es morgens lieber etwas salziger mag, sollte es mit diesem peppigen Rezept versuchen

## *Avocado-Eier*

- 4 hart gekochte Eier
- 2 Avocados
- Etwas Zitronensaft
- 2 TL Meerrettichsenf
- etwas Salz

*Sauce:*

- 2 EL Butter
- 2 EL Mehl
- 1El gehackte Zwiebelwürfel
- 1 TL körnige Hühnerbrühe
- 1 EL frische, gehackte Petersilie
- ⅛ l Milch, 4 EL Wasser
- 1 Handvoll Schinkenwürfel

1. Eigelb aus den Eiern lösen und Eiweiß zur Seite stellen. Avocados schälen und mit einer Gabel zerdrücken, mit Eigelb, Senf, Zitronensaft und Salz verrühren, in die Eiweißhälften füllen und in eine backfeste Form geben.

2. Für die Sauce: Butter schmelzen, Zwiebel darin dämpfen. Mehl, Hühnerbrühe und Petersilie hinzufügen und gut vermischen. Milch und Wasser dazu geben und weiterrühren, bis die Masse verdickt und Blasen wirft.

3. Sauce über die gefüllten Eierhälften geben, mit Schinkenwürfeln bestreuen und 15 Minuten bei 180°C im Ofen backen. Warm servieren.

# *Wohlduftende Oase*

Ein kleiner Luxus am Morgen, eine Auszeit, bei der man es sich gut gehen lässtt – wer wünscht sich das nicht hin und wieder? Warum nicht einmal zur Abwechslung morgens ins Café gehen und sich bedienen lassen? Wie einst in Europa im 16. Jahrhundert liegt das Kaffeetrinken ja auch heute wieder im Trend. Allein schon der Geruch des köstlich duftenden Kaffees aus allen Himmelsrichtungen ist ein Stück Lebensqualität, ähnlich wie samtener Wein oder hausgemachte Pasta. Es muss ja nicht gleich Kaffee mit Erdbeeraroma sein oder andere wilde Sachen. Ein schlichter Capuccino oder Macchiato aus verschiedenen Bohnen oder Herkunftsländern würde es auch tun. Das Schöne an einem Café ist doch, dass man nicht zu Hause ist und auch nicht an der frischen Luft. Was spricht also gegen eine Insel aus Koffein und Konversation im Café? Ist es nicht ein Luxus, eine persönliche Oase zu finden, in der Hektik und Stress keinen Platz haben, wo die Zeit still steht? Wer mag, dem wird sogar die Lieblingszeitung mitserviert. So hat man wirklich das

Gefühl, zuhause zu sein, aber eben nicht im eigenen Haus. Während der Alltag vollgepfropft ist mit Aktivitäten und die Muße oft auf der Strecke bleibt, gibt es doch immerhin die Möglichkeit, sich morgens ein Stück Wohlbefinden und Geborgenheit zu gönnen.

# 4.

# In den Tag gehen

Nach dem Frühstück sind Ihre Lebensgeister sicher wach geworden. Nun gilt es, sich von Ihren Nächsten zu verabschieden und sich auf den Weg zu machen. Selbst wenn Sie zu Hause arbeiten, beginnt jetzt etwas Neues. Vielleicht brauchen Sie einen kurzen Anlauf, um in die Kraft zu gehen. Das kann in der Stille, bei einem kurzen Spaziergang oder beim Schmökern in der Zeitung sein. Jetzt geht es darum, Kraft für das Kommende zu sammeln. Möge es ein segensreicher Tag für Sie werden!

# *Segen weiterreichen*

Ein wunderschönes Ritual am Morgen, wenn Sie sich von Ihren Liebsten verabschieden, ist das Segnen. Das kann eine Umarmung, ein Wort, der Klang der Stimme oder ein Blick sein. Segnen bedeutet, anderen Gutes zu wünschen. Es ist keine Technik, die wir anwenden, sondern eine Beziehung, die wir zu ihnen aufnehmen. Was all diese Gesten zu einem Segen machen, ist der gute Geist, den wir hineinlegen. Es genügt, wenn wir denken: „Ich habe dich lieb, möge heute Segen mit dir sein!"

Zu segnen heißt, ohne Bedingungen und aus tiefstem Herzen Gutes für unsere Nächsten und für Ereignisse zu wünschen. Es ist eine Haltung, die die Geschenke, die uns zuteilwerden, heiligt, ehrt und voller Dankbarkeit und Staunen betrachtet. Segnen bedeutet, jemandem Behütung und Bewahrung zukommen zu lassen, ihm Glück zu schicken, dankbar für jemanden zu sprechen oder zu denken – auch wenn wir selbst nicht Verursacher des Glücks, sondern nur Zeugen der Fülle des Lebens sind. Schenken Sie Ihren Liebsten am Morgen Segen für den Tag. Er fließt auch zu Ihnen zurück.

# *Morgengruß*

Oft sind es ganz kleine Gesten, die den Tag schön beginnen lassen. Während Sie zur Arbeit gehen oder fahren, winken Sie einem Kind zu, das Ihnen im Auto, auf dem Fahrrad oder zu Fuß entgegen kommt. Wenn Sie einen Schulbus oder einen Kleinbus sehen, nutzen Sie die Chance und winken Sie. Sie werden überrascht sein, wie diese einfache Geste Ihnen und den Kindern Vergnügen bereitet. Diese Freude, wenn die Kinder zurückwinken, lachen oder lustige Gesten machen! Die Kinder haben Spaß und Sie selbst fühlen sich gesehen, beachtet und werden noch beliebter bei den Kleinen. Mit einem Wink schütteln Sie Ihren Morgenfrust weg und schenken den anderen eine Geste der Freundlichkeit. Wäre das nicht ein schöner Tagesbeginn für Jung und Alt?

# *Kräftig in die Pedale treten*

Wer morgens mit dem Rad zur Arbeit, zur Schule oder zum Kindergarten fährt, kann daraus ein schönes Ritual machen. Man stellt sich einfach vor, während man kräftig in die Pedale tritt, dass man mit dem Himmel verbunden ist und dass das Morgenlicht und die Energie bei jedem Tritt in den Körper fließen. So, als würde man eins werden mit dem Himmel über sich, der Erde unter sich und dem Weg vor sich. Deuten Sie Ihren Fahrradweg in ein Ritual um, das Sie mit sich, der Erde und dem Himmel verbindet. So werden Sie Ihren Weg nicht mehr als zu erledigende Pflicht empfinden, sondern als Chance, Energie und Licht zu tanken.

# *Singen*

Leider hört man es immer weniger, dabei ist es eine der gesündesten Morgenrituale: Singen! Singen entspannt, trainiert die Mund- und Halspartie und wir atmen natürlich und tief ein. Singen regt die kognitiven Fähigkeiten an und moduliert unsere Stimmungen. Wer den Tag bewusst beginnen möchte, sollte anfangen zu singen – am besten unter der Dusche, vor dem geöffneten Fenster oder während der Frühstückszubereitung. Singen steht an prominenter Stelle sämtlicher Heilmittel, weil es unseren Körper direkt anspricht und bis in die Knochen und Zellen zum Schwingen bringt. Schon Kleinkinder nutzen das Singen, um ihre Gefühle auszudrücken, um sich Mut zu machen und zu trösten. Wenn Sie morgens schwer in die Gänge kommen, dann probieren Sie es einmal: Singen Sie im Badezimmer, auf dem Fahrrad oder im Auto auf der Fahrt zur Arbeit. Sie können gegen den Morgenfrust ansingen mit einem selbst gewählten Lied oder einem frei erfundenen Blues. Dann geht es Ihnen gleich viel besser!

In kühnen Träumen stelle ich mir manchmal vor, wie anders unsere Bundestagsdebatten verlaufen würden, wenn unsere Politiker den Mut hätten, zu Beginn ihrer Debatten einen Bachschen Choral zu singen. Ihnen und uns allen würde es besser gehen.

# *Pfeifen Sie drauf!*

Ist es nicht merkwürdig, dass Pfeifen heute fast nur in negativen Zusammenhängen auftaucht – aus dem letzten Loch pfeifen, verpfeifen? Dass Pfeifen ein Signal des Selbstvertrauens ist, haben die meisten vergessen. Wer auf die Widrigkeiten des Lebens zu pfeifen versteht, ist nicht so leicht aus der Fassung zu bringen. Deswegen meine Empfehlung: beginnen Sie den Tag mit einem kleinen Pfeifkonzert. Da kommt Heiterkeit auf, ähnlich wie wir das beim Gezwitscher der Vögel am frühen Morgen erleben. „Pfeife, damit es vorbeigeht“, empfehlen die Italiener. Das hilft vor allem bei Morgenfrust. Wer pfeift, wird nämlich sofort belohnt. Das Gehirn wird mit sauerstoffreichem Blut versorgt, die Lungen werden durchgeblasen, Glückshormone werden ausgeschüttet.

Pfeifen tut gut! Das fühlt der Pfeifende. Und die anderen werden ermuntert mit einzustimmen, weil sie ahnen: Heute wird ein guter Tag.

# *Noch nicht ...*

Wenn im Mai die ersten warmen Tage mit samtweicher Luft den Tag einleiten, wollen viele zu Tagesbeginn nirgends lieber sein als bei sich zu Hause auf dem Balkon, auf der Terrasse oder im kleinen Garten – dort, wo der Kaffee oder Tee, den wir mögen, auf uns wartet. Und dort, wo wir den ersten selbst gesetzten Ablegern und Kräutern jeden Morgen beim Wachsen zusehen können. An dem Platz, wo wir ganz bei uns selbst sind. Für viele bedeutet er Kindheitserinnerung, Wohlbefinden und Geborgenheit. Warum also nicht Anlauf nehmen in der Sicherheit der eigenen Burg? Ist es nicht herrlich, sie genüsslich zu erforschen, sich langsam an den Sommer zu gewöhnen, vorsichtig in die Sonne zu blinzeln und die weißen Arme in das Licht zu strecken? Schließlich liegen noch drei Monate unserer Lieblingsjahreszeit vor uns. Als Sommereröffnung schlage ich dieses Ritual vor, das uns sanft in die herrliche Sommerzeit gleiten lässt.

# *Ein dickes Fell zulegen*

Eine Freundin hat mir ein kleines Tagebuch geschenkt, auf dessen Titelseite sie ein Stück hübschen Webpelz geklebt hat. Darunter schrieb sie: „Leg dir heute ein dickes Fell zu!“ Immer morgens wenn ich mich vom täglichen Wahnsinn distanzieren will, werfe ich einen Blick darauf und wiederhole diesen Satz wie ein Mantra. Es wirkt Wunder. Warum kleben Sie sich nicht selbst ein Stück Pelz auf eine Karte? So werden Sie jeden Morgen daran erinnert, dass Sie sich Ihren Tag retten können durch ein Stückchen dickes Fell.

## *Vorfreude wecken*

Steht ein schwieriger Tag bevor, so hilft es, sich am Frühstückstisch gemeinsam etwas auszudenken und auszumalen, was an diesem Tag Freude bereiten könnte. Vielleicht wäre ein abendlicher Besuch in einer gemütlichen Kneipe mal wieder angesagt? Oder wie wäre es mit einem Besuch in der Sauna? Oder im Schwimmbad? Wie wäre es mal wieder mit dem Lieblingsessen? Wenn der Tag unter dem Zeichen der Vorfreude steht, wird er leicht und verfliegt im Nu.

# *Urteile zurücknehmen*

Mut und Mitgefühl sind Schwestern, die zu den Lichtseiten unseres Herzens gehören. Wo Licht ist, da ist auch Schatten, deswegen sprach C. G. Jung vom Schatten in uns – jenem verborgenen Teil unserer selbst, der unsere Ängste und nicht gelebte Kreativität umfasst. Statt sie zu verleugnen, gilt es diese Schattenanteile ans Licht zu holen, um zu verhindern, dass sie ein abgespaltenes, eigenständiges Dasein in Gestalt von Ablehnung oder Zerstörungslust führen. Achten Sie heute Morgen auf die Urteile, die Sie über andere Menschen fällen. Sie verweisen auf Teile von uns selbst, die im Schatten verborgen liegen. Ist dieser Mensch zu aggressiv? (Was ist mit der eigenen Aggressivität?) Ist jener zu oberflächlich? (Was ist mit der eigenen Oberflächlichkeit?) Oder zu angepasst? (Wie sieht es mit der eigenen Angepasstheit aus?) Denken Sie darüber nach, welcher Art Ihre häufigsten Urteile über andere sind. Versuchen Sie, diese Urteile in Beziehung zu sich selbst zu setzen und Ihre Projektionen zurückzunehmen, indem Sie zu sich sagen: „Dasselbe trifft auch auf mich zu!“

# *Morgenkuss*

Ein Kuss am Morgen vertreibt Kummer und Sorgen. Dieser schlichte Satz hat etwas für sich. Warum sollte man nicht, bevor man aus dem Haus geht, einander ganz bewusst Zuwendung und Vergewisserung schenken? Ein Kuss ist immerhin die innigste und kürzeste Verbindung zwischen zwei Menschen. Auch wenn ein Kuss dem anderen gleicht, so ermüden Menschen, die sich lieben, nie. Am besten verbindet man diesen Morgenkuss mit guten Wünschen oder einem kleinen Segen. Das schenkt Zuversicht und Vertrauen. Als liebevoll Verabschiedeter geht man anders aus dem Haus. Man kommt auch gern wieder heim, weil man hofft, dass da vielleicht wieder ein Begrüßungskuss wartet.

# *Morgenlust*

Wann haben Sie das letzte Mal aus vollem Herzen gejubelt, gejauchzt oder geschrien? Kennen Sie diese unbändige Lust auf das Leben überhaupt noch? Erinnern Sie sich, wie Sie als Kind vor purer Freude an der eigenen Stimme gejauchzt oder getobt haben? Gehen Sie heute Morgen in den Wald oder in den Park und schreien Sie aus voller Kehle Ihre Lebenslust heraus. Es tut einfach gut, zu hören, wie laut und kräftig Ihre Stimme sein kann. Manchmal möchte die Seele einfach zeigen, dass sie glücklich und dankbar ist, eine Stimme zu haben, die ausdrücken kann, wie schön es ist, zu leben und einen neuen Tag zu begrüßen. Nicht nur das – Ihre Sprechstimme wird tagsüber ebenfalls voller und fester klingen.

# *Sehnsüchte*

Gehen Sie eine Woche lang jeden Morgen spazieren und achten Sie dabei zur Abwechslung einmal nicht auf Ihre Gedanken. Achten Sie nur auf die Natur, die Sie umgibt: die frische Morgenluft, die Ihr Gesicht streichelt, der Gesang und das Zwitschern der Vögel, die Blüten, die sich Ihnen entgegenstrecken, die Gesichter, die Ihnen begegnen.

Erst wenn Sie wieder zu Hause angelangt sind, fragen Sie sich: Welche Sehnsucht regt sich nun in meinem Inneren? Wie fühlt sie sich an? Welche Bewegung erzeugt sie in mir? Nehmen Sie Ihre Sehnsucht ernst, geben Sie Ihr einen Namen, denn die Sehnsucht ist es, die uns wie ein Fenster den Weg in die Zukunft öffnet.

# *Raum des Schweigens*

Der Morgen ist geradezu prädestiniert, uns einen Freiraum zu schaffen, in dem wir aufatmen können, in dem wir in die Stille gehen, in die der Lärm der Welt nicht vordringen kann. Schaffen Sie sich morgens in einer ruhigen Ecke Ihrer Wohnung einen Ort des Schweigens, in dem Sie mit Ihrem inneren Raum der Stille in Berührung kommen. Zu diesem Raum haben andere Menschen mit ihren Erwartungen, Anforderungen und Plänen keinen Zutritt. Dort sind Sie frei. Dort sind Sie ganz Sie selbst. Ganz nahe bei sich.

Nun dürfen Sie aufatmen. Sie werden spüren, dass es etwas in Ihnen gibt, das unberührt bleibt vom Lärm der Welt, von der Arbeit, den Sorgen, der Verantwortung, die Sie für andere tragen. Lassen Sie sich auf die Erfahrung dieses inneren Raumes ein und genießen Sie das Gefühl von Weite, Geborgenheit und Freiheit. Spüren Sie, wie Ihre Seele sich weitet und Flügel bekommt?

# *Dankbar für die Dankbarkeit*

Was ist gut in Ihrem Leben? Worüber können Sie zufrieden oder glücklich sein? Nehmen Sie sich am Morgen, bevor Sie aus dem Haus gehen, die Zeit, um darüber nachzudenken. Das ist ein schönes Ritual, mit dem man den Tag positiv beginnen kann. Dankbarkeit schafft Vertrauen und überwindet so die Angst vor dem, was heute kommen mag. Kultivieren Sie Ihre Dankbarkeit, weil sie sich auf die Haltung während des ganzen Tages auswirkt.

Dankbar den Tag zu beginnen, macht offen gegenüber anderen und offen für Überraschungen. Beginnen Sie mit Augenkontakt zu Menschen, die Sie sonst übersehen, mit einem Kollegen im Lift, der Verkäuferin, dem Bankangestellten. Blicken Sie auf dem Weg zur Arbeit einem Fremden in die Augen. Sie werden sehen, es gibt keine Fremden – nur Mitmenschen. Dankbarkeit vertreibt die Fremdheit, die Abtrennung oder die Abneigung gegenüber anderen. Man braucht keine Worte, um Dankbarkeit auszudrücken. Ein

Lächeln genügt, egal ob der andere zurücklächelt oder nicht. Schenken Sie jemandem ein unerwartetes Lächeln und tragen Sie so dazu bei, dass Ihr beider Tag ein friedlicher, erinnerungswürdiger Tag wird. Sie werden überrascht sein, wie viele Menschen man durch ein einfaches Lächeln anstecken kann. Was die Dankbarkeit für einen selbst bewirkt, ist genauso wichtig, wie das, was sie für andere bewirkt. Auch wenn heute nur einer Ihr Lächeln erwidert, ist das ein Geschenk, das Ihren Tag verschönert, denn Lächeln entmachtet Angst und Misstrauen.

*Statt eines Schlusswortes:*

# Ideales Morgenritual für Kraftnaturen

Sechs Uhr morgens. Der Wecker klingelt. Pfeilschnell aus dem Bett springen und unter die eiskalte Dusche. Schnaubend und prustend bearbeitet man seine Körperhaut mit einer harten Bürste, frottiert sie mit kräftigen Strichen, cremt die durchblutete Haut ein und beginnt die morgendliche Gymnastik. Mindestens 15 Minuten – je länger desto besser. So könnte ein wahrhaft glücksbringender neuer Tag beginnen – oder?

## *Wie wäre es so?*

Neun Uhr morgens. Kein Wecker läutet. Die Sonne wirft ihre warmen Strahlen auf unser schlaftrunkenes Gesicht und weckt uns sanft. Der Geist wird langsam wach, aber die Nacht war eigentlich viel zu kurz. Was sind schon zwölf Stunden Schlaf? Die Füße wollen einfach noch nicht. Außerdem – ob wir nun Beamter, Direktor oder Angestellter sind – die Welt dreht sich auch ohne unser Zutun. Sie wird weder besser noch schlechter. Also drehen wir uns noch einmal um und träumen süß.

Wenn sich der Magen langsam meldet, lassen wir uns unser Frühstück ans Bett bringen. Allein deshalb, weil man anschließend noch ein wenig weiter ausruhen kann. Man muss ja schließlich auch den Tag sorgfältig überdenken: Wo und wie esse ich zu Mittag? Welche Kleidung trage ich? Es gibt so viel zu entscheiden. Das kann nur in Ruhe geschehen. Mittlerweile ist es elf Uhr geworden. Die Reinemachfrau meldet sich durch ein zartes Klopfen an der Tür, weil sie unser Schlafzimmer aufräumen will.

Nun folgt ein warmes, duftendes Schaumbad. Nicht zu warm und nicht zu kühl, denn es ist gefährlich, sich abzuhärten oder zu verweichlichen. Während des ausgedehnten Bades erprobe man verschiedene Stimmregister. Was man singt, ergibt sich aus der jeweiligen Tagesstimmung. Vielleicht soll es heute einmal Wagner sein. Oder wie wäre es mit den Beatles: „Yesterday all my troubles seemed so far away"? Die Stimmübungen weiten nicht nur den Brustkasten, sie reizen auch den Appetit auf das delikate Gabelfrühstück, das noch im Bad oder anschließend bei Kerzenlicht eingenommen werden kann.
Nun geht es auf zu weiteren Taten. Es ist zwölf Uhr, die Zeit zum Mittagessen ist herangerückt. Die Diätapostel predigen ja: Frühstücke wie ein Kaiser, iss zu Mittag wie ein Bürger, und zu Abend wie ein Bettler. Bei uns heißt es anders: Abendessen wie ein Präsident, zu Mittag essen wie ein Bankdirektor, frühstücken wie ein Filmstar. Ist das etwa unanständig?

Untersuchen Sie doch einmal gründlich, was Sie am idealen Morgenritual hindert!

© privat

**Irmtraud Tarr,** Dr. phil., Psychotherapeutin und Musiktherapeutin in eigener Praxis in Rheinfelden; Konzertorganistin. Zahlreiche Veröffentlichungen.